BEI GRIN MACHT SICH IHR WISSEN BEZAHLT

AF141048

- Wir veröffentlichen Ihre Hausarbeit, Bachelor- und Masterarbeit

- Ihr eigenes eBook und Buch - weltweit in allen wichtigen Shops

- Verdienen Sie an jedem Verkauf

Jetzt bei www.GRIN.com hochladen und kostenlos publizieren

Bibliografische Information der Deutschen Nationalbibliothek:

Die Deutsche Bibliothek verzeichnet diese Publikation in der Deutschen National-
bibliografie; detaillierte bibliografische Daten sind im Internet über http://dnb.d-
nb.de/ abrufbar.

Impressum:

Copyright © 2018 GRIN Verlag
Druck und Bindung: Books on Demand GmbH, Norderstedt Germany
ISBN: 9783346015273

Dieses Buch bei GRIN:

https://www.grin.com/document/497336

Davis Gitt

Sportanlagen- und Sportstättenmanagement. Kommunale Sportentwicklungsplanung

Einsendeaufgabe DHfPG

GRIN Verlag

GRIN - Your knowledge has value

Der GRIN Verlag publiziert seit 1998 wissenschaftliche Arbeiten von Studenten, Hochschullehrern und anderen Akademikern als eBook und gedrucktes Buch. Die Verlagswebsite www.grin.com ist die ideale Plattform zur Veröffentlichung von Hausarbeiten, Abschlussarbeiten, wissenschaftlichen Aufsätzen, Dissertationen und Fachbüchern.

Besuchen Sie uns im Internet:

http://www.grin.com/

http://www.facebook.com/grincom

http://www.twitter.com/grin_com

Deutsche Hochschule für

Prävention und Gesundheitsmanagement

Hermann Neuberger Sportschule 3

66123 Saarbrücken

Einsendeaufgabe

Fachmodul:	Sportanlagen- und Sportstättenmanagement
Studiengang:	Sportökonomie
Datum Präsenzphase:	04.06.2018-07.06.2018

Name, Vorname:	Gitt, Davis
Studienort:	Hamburg
Semester:	WS/2015

1

Inhaltsverzeichnis

1 Sportanlagen- und Sportstättenbau

Tab. 1: Die Projektphasen (eigene Darstellung)

Vorgang	Dauer (in Monaten)	Vorgänger	Nachfolger
A: Markt- und Bedarfsanalyse	2	/	B, C
B: Standortwahl	1	A	D
C: Sportverhaltens- und Nutzeranalyse	3	A	D
D: Raumprogramm- und Funktionsana-lyse	1	B, C	E
E: Konzeptualisierung mit Kosten-schätzung und Betriebskostenanalyse	4	D	F
F: Machbarkeit und Finanzierung klä-ren	6	E	G
G: Planung und Festlegung der Baude-tails	8	F	H
H: Realisierung des Baus	14	G	I
I: Betrieb der Sporthalle	>12	H	/

Die dargestellten Schritte wurden in eine logische Reihenfolge gebracht. Begonnen wird mit der Markt und Bedarfsanalyse (Vorgang: A) im Anschluss wird die Standortwahl (Vorgang B) parallel zur Sportverhaltens- Nutzeranalyse (Vorgang C) durchgeführt. Danach folgt die Raumprogramm- und Funktionsanalayse (Vorgang D), gefolgt von der Konzeptualisierung mit Kostenschätzung und Betriebskostenanalyse (Vorgang E). Anschließend wird die Machbarkeit und Finanzierung geklärt (Vorgang F). Zum Ende folgen dann in der Reihenfolge die Planung und Festlegung der Baudetails (Vorgang G), die Realisierung des Baus (Vorgang H) und der Betrieb der Sporthalle (Vorgang I).

Um die Projektphasen besser zu verdeutlichen und die genaue Dauer festzustellen, ab wann mit den Betrieb der Sporthalle begonnen werden kann, wird ein PLANNET-Diagramm und eine Netzplantechnik erstellt.

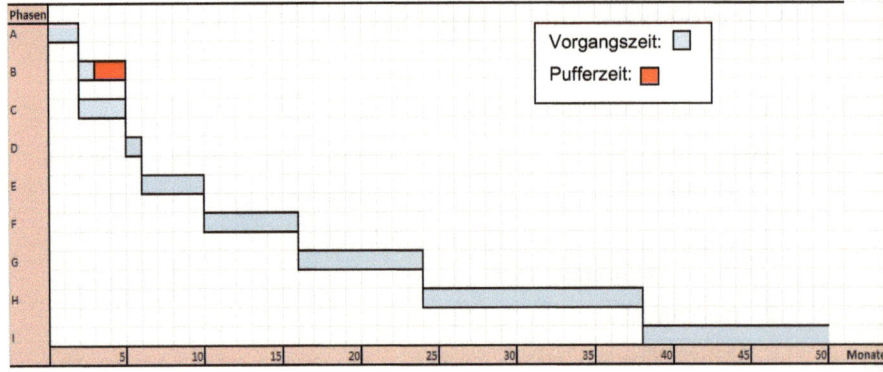

Abb. 1: PLANNET-Diagramm (Eigene Darstellung)

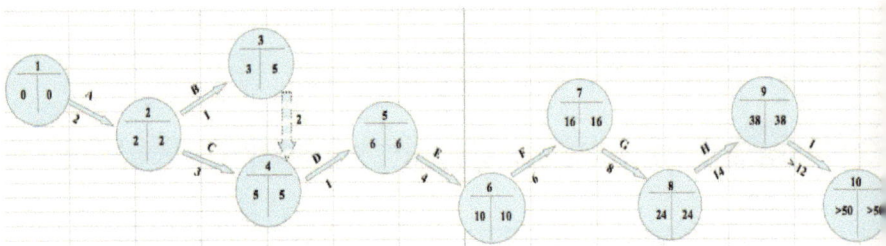

Abb. 2: Netzplantechnik (eigene Darstellung)

Durch das Plannet-Diagramm und die Netzplantechnik wird deutlich, dass mit dem Betrieb der Halle erst nach 38 Monaten begonnen werden kann.

2 Kommunale Sportentwicklungsplanung

2.1 Grundformel zur Berechnung des Sportstättenbedarfs

Formel zur Berechnung des Sportstättenbedarfs:

$$Sporstättenbedarf$$
$$= \frac{Sportbedarf\ (Sportler \times Häufigkeit \times Dauer) \times Zuordnungsfaktor}{Belegungsdichte \times Nutzungsdauer \times Auslastungsfaktor}$$

(Hübner, H. & Wulf, O., 2015)

Erläuterung der Formel:

4

Der Sportbedarf errechnet sich durch die Multiplikation von Sportler, Häufigkeit und Dauer. Zu den Sportlern zählen alle Personen, die die Sportanlage nutzen wollen. Die Häufigkeit sagt aus, wie oft die Sportler ihre Sportart in der Woche ausüben. Die Dauer sagt aus, wie lange die Sportart im Durchschnitt vom Sportler ausgeführt wird. Der Zuordnungsfaktor hängt von der Sportart einer Sportanlage ab und kann deswegen variieren.

Im Zähler der Formel wird der Sportbedarf mit dem Zuordnungsfaktor multipliziert und im Nenner werden die Belegungsdichte, die Nutzungsdauer und der Auslastungsfaktor miteinander multipliziert.

Die Belegungsdichte gibt die Anzahl der Sportler an, die ihre Sportart gleichzeitig an der Sportanlage ausüben können. Die Nutzugsdauer sagt aus, wie viele Stunden in der Woche die Anlage für die Sportarten genutzt werden kann. Der Auslastungsfaktor gibt die tatsächliche Auslastung in Verhältnis zur maximalen möglichen Auslastung an.

2.2 Berechnung des Sportstättenbedarfs

Berechnung des Sportbedarfs und des Auslastungsfaktors der Stadt Mannheim bezogen auf den Fußballsport.

Tab. 2: Daten der Stadt Mannheim zur Sportnutzung (eigene Darstellung)

Sport-ler	Häufig-keit (je Woche)	Dauer (Std./Einheit)	Zuord-nungsfak-tor	Sportstät-tenbedarf	Bele-gungs-dichte	Nutzungs-dauer (Std./Woche)
24000	1,5	1,8	0,5	70	25	30

Formel:

$$Sporstättenbedarf$$
$$= \frac{Sportbedarf\ (Sportler \times Häufigkeit \times Dauer) \times Zuordnungsfaktor}{Belegungsdichte \times Nutzungsdauer \times Auslastungsfaktor}$$

Sportbedarf= Sportler x Häufigkeit x Dauer

Sportbedarf= 24000 x 1,5 x 1,8= 64800

Der Sportbedarf beträgt 64800.

Zur Berechnung des Auslastungsfaktors wird die Grundformel umgestellt:

$$Auslastungsfaktor =$$

$$\frac{Sportbedarf \times Zuordnungsfaktor}{Sportstättenbedarf \times Belegungsdichte \times Nutzungsdauer}$$

$$Auslastungsfaktor = \frac{64800 \times 0,5}{70 \times 25 \times 30}$$

Auslastungsfaktor= 0,617142857

Der Auslastungsfaktor beträgt 62%.

2.3 Förderinteressenten

Stellungnahme zum Satz: „Während die Bundesregierung ausschließlich den Breitensport fördert, besitzen die Bundesländer und Kommunen lediglich Förderinteressen am Spitzensport."

Diese Aussage ist nicht richtig. Zu den wichtigen Förderinteressen der Bundesregierung zählt nämlich der Spitzensport und zu den Förderinteressen der Bundesländer und der Kommunen gehört der Breitensport. Der Breitensport wird von der Bundesregierung nicht gefördert. Andere Förderinteressen des Bundes sind: Bundesleistungszentren, Bundesstützpunkte und Olympiastützpunkte. Die Bundesleistungszentren und die Olympiastützpunkte werden ebenfalls von den Bundesländern gefördert.

3 Finanzierung und Betrieb von Sportanlagen

3.1 Investition und Finanzierung

Im Jahr 2015 realisierte der TV Niedersingen in Zusammenarbeit mit der Kommune den Neubau einer Dreifachsporthalle.

Der Kapitalwert und der Barwert soll errechnet werden. Folgende Werte sind gegeben, mit der Nutzungsdauer von 5 Jahren und einer Kapitalverzinsung von 10%:

Tab. 3: Einnahmen und Ausgaben (eigene Darstellung)

Einnahmen:		Ausgaben:	
Sponsoring-Verträge (steigen jährlich um 15%):	60.000 € pro Jahr (brutto)	Investitionsausgaben:	3.000.000 € (netto)
Entgelt für Hallennutzung durch Schulsport:	1.000 € pro Monat (netto)	Betriebs- und Instandhaltungskosten (steigen jährlich um 3%):	100.000 € (netto)

Tab. 4: Einnahmen und Ausgaben in den jeweiligen Jahren (eigene Darstellung)

Jahr	Einnahmen (durch Sponsoring)	Ausgaben (Instandhaltungskosten)
1.	50.420,17 €	100.000 €
2.	57.983,20 €	103.000 €
3.	66.680,68 €	106.090 €
4.	76.682,78 €	109.272,70 €
5.	88.185,20 €	112.460,88 €

Berechnung des Kapitalwerts mit der Kapitalwertformel:

$$K0 = -Anschaffungskosten$$

$$+ \sum Barwerte\ Einzahlungen - \sum Barwerte\ Auszahlungen$$

$$+ Barwerte\ Liquidationserlöse$$

$$K0 = -3.000.000 + \frac{(12.000 + 50.420,17) - 100.000}{(1 + 0,1)^1}$$

$$+ \frac{(12.000 + 57.983,20) - 103.000}{(1 + 0,1)^2}$$

$$+ \frac{(12.000 + 66.680,68) - 106.090}{(1 + 0,1)^3}$$

$$+ \frac{(12.000 + 76.682,78) - 109.272,7}{(1 + 0,1)^4}$$

$$+ \frac{(12.000 + 88.185,2) - 112.460,88}{(1 + 0,1)^5}$$

$$K0 = -3.103.728,545$$

Der Kapitalwert beträgt -3.103.728,55 €.

3.2 Auslastungsanalyse einer Sportanlage

Berechnet werden, die Ist-Nutzungsdauer, die Soll-Nutzungsdauer, die Ist-Sportler, die Soll-Sportler, die Auslastung und die Kapazitätsreserve. Mithilfe der Angaben des folgenden Belegungsplans:

Tab. 5: Belegungsplan (eigene Darstellung)

Belegungszeitraum	Belegung				
	Belegungsdichte (Spo /A)				
	Stunden	Sportart	Ist-Belegungsdichte		Soll-Belegungsdichte
Montag 17:00-18:30	1,5	Handball	14		12
Dienstag 20:00-21:30	1,5	Keine Belegung	-		15
Mittwoch 19:00-21:30	2,5	Basketball	15		20
Donnerstag 20:00-22:00	2,0	Fußball	18		15
Freitag 19:00-20:00	1,0	Badminton	5		15
Maximale Nutzungskapazität: 83 %					

Die Ist-Nutzungsdauer:

Addition der tatsächlich genutzten Belegstunden von Montag bis Freitag.

$1,5\,h + 0\,h + 2,5\,h + 2\,h + 1\,h = 7\,h$

Die Ist-Nutzungsdauer beträgt 7 Stunden pro Woche.

Die Soll-Nutzungsdauer:

Addition der vorgegebenen Hallenzeiten von Montag-Freitag

$1,5\,h + 1,5\,h + 2,5\,h + 2\,h + 1\,h = 8,5\,h$

Die Soll-Nutzungsdauer beträgt 8,5 Stunden pro Woche.

Ist-Sportler:

Addition der tatsächlich anwesenden Sportler der vorgegebenen Hallenzeiten von Montag bis Freitag.

14 + 0 + 15 +18 + 5 = 52 Sportler

Es sind 52 Ist-Sportler pro Woche.

Soll-Sportler:

Es werden alle Sportler, die Vorgabe anwesend sein sollten, zusammen gezählt.

12 + 15 + 20 + 15 + 15= 77 Sportler

Es sind 77 Soll-Sportler pro Woche.

Auslastung:

1 .Multiplikation der Ist-Nutzungsdauer mit den Ist-Sportlern, diese zusammen addiert und 2. Multiplikation der Soll-Nutzungsdauer und den Soll-Sportlern und diese zusammen addiert.

1. $(1,5 \times 14) + (2,5 \times 15) + (2,0 \times 18) + (1,0 \times 5) = 92,5$

2. $(1,5 \times 12) + (1,5 \times 15)+ (2,5 \times 20) + (2,0 \times 15) + (1,0 \times 15) = 135,5$

$(92,5 \div 135,5) \times 100 = 68,2656827$

Die Auslastung liegt bei 68,27%.

Kapazitätsreserve:

Die Auslastung wird von der maximalen Nutzungskapazität subtrahiert, um die Kapazitätsreserve zu erreichen.

83% - 68,27%= 14,73%

Die Kapazitätsreserve liegt bei 14,73%.

3.3 Auslastungsoptimierung

Tab.6: Optimierung des Belegungsplans

Belegungszeitraum	Belegung				
	Belegungsdichte (Spo /A)				
	Stun-den	Sportart	Ist-Belegungs-dichte		Soll-Belegungs-dichte
Montag 17:00-18:30	1,5	Badminton	5		12
Dienstag 20:00-21:30	1,5	Handball	14		15
Mittwoch 19:00-21:30	2,5	Fußball	18		20
Donnerstag 20:00-22:00	2,0	Basketball	15		15
Freitag 19:00-20:00	1,0	-	-		15
Maximale Nutzungskapazität: 83 %					

Die niedrigste Soll-Belegungsdichte ist am Montag mit 12 Plätzen. Aus diesen Gründen wird dieser Tag mit Badminton belegt, denn diese Sportart die niedrigste Ist-Belegungsdichte mit 5 Sportlern beinhaltet. So wird die Belegungsdichte bestmöglich genutzt. Am Dienstag gibt es eine Soll-Belegungsdichte von 15 Sportlern. Handball hat eine Ist-Belegungsdichte mit 14 Sportlern, aus diesem Grund sollte Handball am Diens-tag stattfinden. Die Belegungsdichte für Fußball am Donnerstag ist mit einer Soll-Belegungsdichte von 15 zu wenig und sollte deswegen am Mittwoch stattfinden, da am Mittwoch die Soll-Belegungsdichte 20 Sportler beträgt. Der Donnerstag hat eine Soll-Belegungsdichte für 15 Sportler, so sollte Basketball an diesem Tag stattfinden, um die Kapazität der Sportler vollständig auszufüllen. Außerdem soll der Zeitrahmen von 2 Stunden am Donnerstag auch genutzt werden. Freitag sollte kein Training stattfinden da dort am wenigsten Zeit für eine Sportart angesetzt ist. Mit dieser Optimierung kann der Belegungszeitraum zeitlich maximal, als auch von der Kapazität optimal ausgenutzt werden.

Berechnung der optimierten Ist-Sportlerstunden:

$(1,5 \times 5) + (1,5 \times 14) + (2,5 \times 18) + (2 \times 15) = 103,5$

Die Optimierte Ist-Sportlerstunden Anzahl beträgt 103,5 Stunden in der Woche.

Berechnung der optimierten Auslastung:

$(103,5 \div 135,5) \times 100 = 76,38376384$

$$= 76,38\,\%$$

Durch die Optimierung des Belegungsplans kann eine Auslastung von 76,38% angestrebt werden. Das ist besser im Gegensatz zu vorher, da man sich nun näher an der maximalen Nutzungskapazität von 83% befindet.

3.4 Nachhaltigkeit von Sportstätten

Erste Beobachtungen zur ökologischen Nachhaltigkeit wurden 1994 im Bezug auf die Olympischen Spiele in Lillehammer festgestellt (Bielzer, 2011b, S. 152). Es wurde gezeigt, dass durch die Berücksichtigung von Umweltaspekten die Umweltbeeinträchtigung sehr beeinflussen kann. (Rogge, 2011, S. 5)

Deswegen ist seit den Olympischen Spielen in Lillehammer jeder Austragungsort der Olympischen Spiele zu nachhaltigen Wirtschaften verpflichtet und zwar von der Planungsphase bis zur Bestandsaufnahme nach den Spielen (Rogge, 2011, S. 51).

„Nachhaltige Entwicklung ist eine Entwicklung, die den Bedürfnissen der heutigen Generation entspricht, ohne die Möglichkeit zukünftiger Generationen zu gefährden, ihre eigenen Bedürfnisse zu befrieden" (Hauff & Kleine, 2009, S. 7)

Die Nachhaltigkeit wird in drei Teile eingeteilt: Ökonomie, Ökologie und Soziales.

Bei der Ökonomie geht es darum, eine langfristige Unternehmenssicherung und ein hohes Inovationspotenzial zu schaffen. Die Wertschöpfung soll erhöht werden und die Bedürfnisbefriedigung soll effizient sein. Bei der Ökologie geht darum, die Emission zu reduzieren und eine Ressourcenschonung zu schaffen. Die Umweltrisiken sollen dabei minimiert werden und Ökosysteme sollen erhalten bleiben. Durch die soziale Nachhaltigkeit soll das Gemeinwohl, die Solidarität und die Toleranz erhöht werden. Dazu zählt ein fairer Zugang zu Grundgütern.

„Die nachhaltigsten Olympischen Spiele sind die, die gar nicht stattfinden."

Dieser Satz sagt aus, dass es sehr schwer ist Olympische Spiele zu planen, organisieren und durchzuführen und dabei so nachhaltig wie möglich zu sein.

Hierfür werden die Olympischen Spiele 2012 von London miteinbezogen. Dies geschieht unter Berücksichtigung der drei Teilgebiete der Nachhaltigkeit.

Diese Aussage stimmt nicht zu 100%. Auch wenn nach den Olympischen Spielen 2012 viele teure Sportstätten und Wohnräume leer standen, waren die Spiele nachhaltig erfolgreich.

Durch die offene Kommunikation und frühzeitige Planung und Durchführung kam es zu einem ökonomisch positiven Effekt, da viele Kosten gespart wurden. London setzte sich zum Ziel, das olympische Gelände zum Zentrum für sozial schwache Stadtteile zu machen und alle Beteiligten von Anfang an in die Planung mit einzubeziehen. Orientiert wurde sich an die Methoden der Öl- und Verfahrensindustrie. Dadurch kam es zu einer verstärkten Koordination, wodurch Termine und Kostenplanungen eingehalten werden konnten. Die soziale Nachhaltigkeit wurde dadurch beachtet, dass das Olympische Gelände eine dauerhafte Etablierung der sozial schwächsten Stadtteile in London ermöglichte. Die Bürger in London wurden außerdem in die gesamte Vorhabenstrategie und Planung einbezogen. Um die ökonomische Nachhaltigkeit zu gewährleisten, wurden die Sportstätten so effizient wie möglich gebaut. Außerdem wurde eine höchst umweltfreundliche Infrastruktur errichtet. Zusätzlich wurden die Sportanlagen zum Teil zurückgebaut oder wiederverwendet. Durch die Berücksichtigung der Nachhaltigkeit konnte ein Mehrwert für die Bürger geschaffen werden (Grewe, 2012). London 2012 war ein Beispiel für ein erfolgreiches und nachhaltiges Sportevent.

Im Folgenden wird erläutert wie schwierig die Planung eines nachhaltigen Sportevents sein kann.

Bevor die Spiele anfangen können, muss sich um vieles gekümmert werden. Die Sportstätten stehen unter großem Druck durch hohen Sanierungsbedarf der Sportanlagen, durch die steigenden Betriebskosten, dazu kommt der Wettbewerbsdruck. (Neuerburg, 2009, S 5)

Ein Problem bietet die Ressource Trinkwasser, da sie nur begrenzt verfügbar ist. Sporthallen haben das Ziel, die Einleitung von Abwasser und den Trinkwasserverbrauch zu reduzieren. Beim Trinkwasserverbrauch spielt das Nutzerverhalten der Sporttreibenden eine große Rolle. Die Reduzierung des Trinkwasserbedarfs hat positive Effekte auf Umwelt und spart Nutzungskosten für Beschaffung von Frischwasser und der Entsorgung von Brauchwasser (Eßig et al., 2017, S.60).

Bei den Olympischen Spielen stellt das ebenfalls ein Problem dar, da es sehr schwierig ist die Kontrolle über das Nutzverhalten des Wasser zu haben.

Der Neubau einer Sporthalle erfordert oft einen langwierigen Planungsprozess für Kommunen, Vereine und private Investoren. Bis zur Inbetriebnahme vergehen meist mehrere Jahre. Ein Bau verursacht über den ganzen Lebenszyklus hinweg hohe Kosten (Eßig et al., 2017, S.64). Olympische Spiele erschweren aus solchen Gründen die wirtschaftliche Nachhaltigkeit.

Der Energieverbrauch spielt ebenfalls eine wichtige Rolle. Auf Basis von Normen gegebener Standartwerte, ist der Energiebedarfswert zu errechnen. Durch das Individuelle Nutzverhalten und der Art der Belegung einer Halle kann der Energieverbrauch unterschiedlich ausfallen (Eßig et al., 2017, S.51).

Zusammenfassend:

„Die nachhaltigsten Olympischen Spiele sind die, die gar nicht stattfinden.", beschreibt, dass man nachhaltiger ist, wenn man keine Olympischen Spiele stattfinden lässt. Der Energieverbrauch, der Wasserverbrauch und die Kostenvermeidung sind nur schwer zu kontrollieren. Aus diesen Gründen ist es nicht einfach kontrolliert ökologisch und ökonomisch im Bezug auf die Olympischen Spiele zu handeln. Die Olympischen Spiele in London 2012 waren ebenfalls deswegen eine Herausforderung für die Stadt London.

4 Digitale Vermarktung von Sportanlagen und Sportstätten

Um den Handballclub besser zu vermarkten, wird eine Vereins-App mit vielen Möglichkeiten entwickelt, um die Beziehung zwischen Betreiber Fan und Sponsor zu vereinfachen.

Tab. 7: Digitalisierung Profihandballclub (eigene Darstellung)

Möglichkeiten:	Mehrwert Betreiber:	Mehrwert Fans:	Mehrwert Sponsoren:
Ticketverkauf per Vereins-App:	-weniger Kosten für Verarbeitung und Material durch Onlineabwicklung	-schnellere Kaufabwicklung der Tickets -besserer Zugang zu den Tickets	-kann durch Werbebanner in der App auf sich Aufmerksam machen
Live-Ticker in der Vereins-App:	-Erhöhung der Serviceleistung	-können Spielereignisse von überall online mit verfolgen	-Kann Sponsoren Logo im Live-Ticker integrieren um Aufmerksamkeit zu schaffen
Fan-Shop in der Vereins-App:	-Erhöhung der Service Leistung durch gebotenen Überblick der Produkte -mehr Umsätze durch Fans die nicht Mobil sind	- bekommen einen gesamtÜberblick der Fanartikel ohne Vorort zu sein -bequeme Bestellung von Fan-Artikeln nach Hause	-Analyse der Interessen der Fans (beliebte Produkte) -Angebot eigener Produkte
Fan-Forum in der Vereins-App	- direkter Kontakt zu den Fans -schneller Informationsaustausch über Neuigkeiten vom Verein	- Vereinfachung der Äußerung von Kritik oder Wünschen ab den Verein - schneller Überblick über Neuigkeiten im Verein	-Analyse der Interessen der Fans -Auftreten durch banner bzw. Logos des Sponsors im Forum um Aufmerksamkeit zu schaffen -Sponsoren werden Informiert über Neuigkeiten über den Verein -bekommt Möglichkeit Fans über Sponsoren Aktionen zu Informieren

5 Literaturverzeichnis

Bielzer, L. (2011a). Historische Entwicklung von Sport- und Veranstaltungsimmobilien. In L. Bielzer & R. Wadsack (Hrsg.), *Betrieb von Sport- und Veranstaltungsimmobilien. Managementherausforderungen und Handlungsoptionen* (Blickpunkt Sportmanagement, Bd. 3, 1. Aufl., S. 11-33). Frankfurt am Main: Peter Lang

Eßig, N., Lindner, S., Magdolen S. (2017) Sporthallen – Energiekonzepte. *Leitfaden Nachhaltiger Sportstättenbau*, 50-58. Zugriff am 05.06.2018. Verfügbar unter: https://www.bisp.de/SharedDocs/Downloads/Publikationen/sonstige_Publikationen_Ratge-ber/Leitfaden_Nachhaltiger_Sportst%C3%A4ttenbau.pdf?__blob=publicationFile&v=2

Eßig, N., Lindner, S., Magdolen S. (2017) Sporthallen – Ressourcen: Wasser- und Materialkonzept. *Leitfaden Nachhaltiger Sportstättenbau*, 59-62. Zugriff am 05.06.2018. Verfügbar unter: https://www.bisp.de/SharedDocs/Downloads/Publikationen/sonstige_Publikationen_Ratge-ber/Leitfaden_Nachhaltiger_Sportst%C3%A4ttenbau.pdf?__blob=publicationFile&v=2

Eßig, N., Lindner, S., Magdolen S. (2017) Sporthallen – Wirtschaftlichkeit und Lebenszykluskosten. *Leitfaden Nachhaltiger Sportstättenbau*, (S. 63-66). Zugriff am 05.06.2018. Verfügbar unter: https://www.bisp.de/SharedDocs/Downloads/Publikationen/sonstige_Publikationen_Ratge-ber/Leitfaden_Nachhaltiger_Sportst%C3%A4ttenbau.pdf?__blob=publicationFile&v=2

Grewe, K. (2012). Das Projektmanagement der Olympischen Spiele 2012 in London. ProjektMagazin (01). Zugriff am 012.06.2018. Verfügbar unter: https://www.projektmagazin.de/artikel/das-projektmanagement-der-olympischen-spiele-2012-london_1061676

Hauff, M. von & Kleine, A. (2009). *Nachhaltige Entwicklung. Grundlagen und Umsetzung*. München: Oldenburg

Hübner, H. & Wulf, O. (2015). Grundformel zur Berechnung des Sportstättenbedarfs. *Sportstättennachfrage und Sportstättenangebot für den Fußballsport in Münster.* Wuppertal: Bergische Universität Wuppertal. Zugriff am 07.06.2018. Verfügbar unter: https://www.sportsoziologie.uni-wuppertal.de/fileadmin/sportsoziologie/Muenster/Gesamt_C1.pdf

Rogge, J. (2011). Das Bekenntnis der Olympischen Bewegung zum Umweltschutz ist stärker denn je. In DOSB (Hrsg.), *Sport schützt Umwelt. IOC Umweltkonferenz - vom Umweltschutz zur Nachhaltigkeit* (S. 5-6). Zugriff am 06.06.2018. Verfügbar unter: https://cdn.dosb.de/alter_Datenbestand/fm-dosb/arbeitsfelder/umwelt-sportstaetten/Informationsdienst/Nr_99_gesamt.pdf

6 Abbildungs- und Tabellenverzeichnis

6.1 Abbildungsverzeichnis

6.2 Tabellenverzeichnis

BEI GRIN MACHT SICH IHR
WISSEN BEZAHLT